Sprich mit dir selbst

Meditative Texte und Illustrationen

Renate Younis

Sprich mit dir selbst

Meditative Texte und Illustrationen

Bibliografische Information der Deutschen Nationalbibliothek:

Die deutsche Nationalbibliothek verzeichnet diese Publikation
in der Deutschen Nationalbibliografie; detaillierte
bibliografische Daten sind im Internet über
http://dnb.dnb.de abrufbar.

© Dezember 2016 Renate Younis

Illustration: © Renate Younis

Herstellung & Verlag:

BoD - Books on Demand, Norderstedt

ISBN: **9783743142565**

Inhalt

- 9   Vorwort
- 14   Schenke dir Zeit
- 16   Komm in die Stille, die in dir wohnt
- 18   Fühle deinen Körper, so wie er gerade ist
- 20   Atme bewusst und tief
- 22   Begegne deinem Inneren
- 24   Erkenne dich selbst an
- 26   Begib dich in deinen inneren Kosmos
- 28   Hülle dich ein in die höchste Schwingung
- 30   Tauche tief in dich ein
- 32   Präsenz

34	Sei im göttlichen Moment
36	Schenke deinem Selbst Vertrauen
38	Du weißt, dass du weißt
40	Mehr als deine Intuition
42	Die Verbindung mit dir selbst hast du nie verloren
44	Reise täglich zu dir selbst
46	Ablenkungen
48	Deine Seele spricht nur zu dir
50	Erkenne den Unterschied
52	Geh über deine Ängste hinaus
54	Seelennähe spüren
56	Seelensprache verstehen
58	Integriere deine Erfahrungen

60   Deine Seele sättigt dich

62   Seelenverwirklichung

64   Du erfährst es, ein Schöpfer zu sein

66   Du vervollständigst dich selbst

68   Du erlaubst Veränderungen

70   Du informierst dich selbst

72   Nimm den Gesprächsfaden in deine Hände

74   Hör fühlend deine Seele

76   Zeit ohne Zeit

78   Ist dein Mensch- Sein bereit?

80   Lass dich Dankbarkeit für dich fühlen

82   Atme, atme

Vorwort

Lange haben wir auf die Stimmen im Außen gehört, auf die Stimme von Eltern, Lehrern und Freunden oder auch auf die Stimmen von Engeln, wenn wir Antworten brauchten. So haben wir es gelernt. Diese Begrenzungen haben wir für uns angenommen. Diese bekannten Stimmen befinden sich außerhalb und oberhalb von dir selbst. Es ist nur eine alte Gewohnheit, der wir folgen. Ständig sind wir in sozialen Netzwerken mit anderen Menschen im Austausch. Doch den Raum in unserem eigenen Innern, um uns selbst zu begegnen, den betreten wir nicht selbstverständlich oder meiden ihn unbewusst.

Fühlst du auch, dass es Zeit ist, das Unbehagen mit dir selbst zu sein, abzulegen und nun in ein vertrautes Wohlbefinden zu verwandeln?

Bist du bereit, inne zu halten und deine Kommunikation mit dir selbst zu erweitern? Sehnst du dich vielleicht längst danach, dir jetzt wirklich selbst Aufmerksamkeit zu schenken und die Trennung von dir selbst aufzuheben?

Mit dir selbst sprechen, kannst du auf verschiedenen Ebenen. Du kannst beispielsweise deinem Körper eine Frage stellen oder du kannst dich in deiner Essenz fühlend wahrnehmen, ohne dafür Worte zu finden als eine Zeit der Selbstliebe.

Du kannst auf ganz natürliche Weise dich selbst um Rat, Unterstützung und Hilfe bitten. Du kannst dich fragen, was ist jetzt wirklich wichtig für mich? Gleichzeitig öffnest du dich für Informationen und Impulse deiner inneren Weisheit, die dich weiterbringen werden. Du findest Zugang zu deiner inneren Kraft.

Du ziehst dich nicht aus der Welt zurück. Wenn du mit deiner inneren Welt verbunden bist, kannst du dich wirklich authentisch in deinem Umfeld ausdrücken. Du kommst zu einer neuen Ausgewogenheit mit dir selbst und mit anderen Menschen.

Anfangs wird der Kontakt zu dir selbst diffus sein, etwas undeutlich. Doch mit der Zeit, wenn du dich besser kennengelernt hast, wirst du geübter werden im Verstehen deiner lebendigen Seele.

Gespräche mit dir selbst sind stille Schritte, die du in deine eigene Souveränität und Unabhängigkeit machen kannst.

Dein ewiges, liebevolles Innere wartet schon darauf, deine menschlichen Anliegen zu hören. Zu gern will es an deinem Leben als Mensch teilnehmen und nicht mehr länger davon getrennt sein.

Mit der Zeit wirst du sicherer und vertrauter während deiner inneren Dialoge mit dir selbst. Erwarte Überraschungen und natürlich Neues in deinem Leben, vor allem mehr Erfüllung.

Die farbintensiven Illustrationen in Acryl entstammen meiner Serie „Planeten der Wandlung", die einfach immer neue Perlen hervorbrachte. Sie unterstützen dich mit ihrer Schwingung dabei, wenn du dich für den Weg in dein Inneres aufmachst. Ebenso wird die Vielfältigkeit und Tiefe deines ganz persönlichen Kontaktes mit dir selbst angeregt.

Ich wünsche dir viel Freude bei deiner Kommunikation mit deinen sichtbaren und unsichtbaren Welten, vor allem aber in der erfüllenden Dialog-Erfahrung mit deinem wahren Selbst.

Renate Younis

Hamburg, Dezember 2016

Nimm einige tiefe Atemzüge...

Schenke dir Zeit

Mach es dir bequem und angenehm im Liegen oder im Sitzen. Stell sicher, dass du für einige Zeit für deine inneren Gespräche ungestört sein wirst. Schließe deine Augen. Dies ist eine Zeit für dich allein. Dies ist deine besondere Zeit.

Komm in die Stille, die in dir wohnt

Deine innere Stimme kannst du nur hören, wenn du selbst zur Ruhe kommst. Dein Inneres ist in seinem Ausdruck oftmals sehr still und wird häufig in seiner Zartheit nicht wahrgenommen. Nimm dir Zeit, die du brauchst, um in deine Stille hineinzufinden.

Fühle deinen Körper, so wie er gerade ist.

Wende dich zunächst mit deinem Gewahrsein deinem Körper zu. Du kannst zunächst deinen Körper als Ganzes wahrnehmen und hinein spüren. Du kannst auch mit deiner Aufmerksamkeit durch deinen Körper wandern. Nimm einfach nur wahr, ohne etwas verändern zu wollen. Deine urteilsfreie Zuwendung erfreut deinen physischen Körper, gerade wenn er angespannt und verhärtet ist.

Atme bewusst und tief

Dein Atem trägt dich von Moment zu Moment. Lass deine Atemzüge natürlich fließen, während du ihnen wie ein Beobachter folgst. Ganz von allein wird dein Atem tiefer und gleichmäßiger. Dein Atem ist dein Lebensstrom, der sich durch deine Körperlichkeit hindurchbewegt, der dich wiegt, nährt und gleichzeitig durchdringt. Du kannst dich in deinem Atem ausdehnen und in tiefere Bereiche in dir vordringen.

Begegne deinem Inneren

Beobachte, wie deine Gedanken ständig aktiv sind. Blicke von außen auf diese Gedankenbewegung, ohne etwas abzulehnen oder zu bevorzugen.

Wie fühlst du dich gerade? Lass alles an Gefühlen da sein, so wie es ist. Erlaube dir die Aufmerksamkeit, dich selbst zu spüren. Erfreue dich an deinem inneren Reichtum in deinem Körper, der sich ständig verändert.

Erkenne dich selbst an

Du bist mehr als ein unvollkommenes, menschliches Wesen, mehr als deine Persönlichkeit. Du bist ein Kind dieser Erde mit einer geistigen Herkunft. Deine Seele existiert ewig.

Du bist hier, um als Mensch Erfahrungen zu erleben, innere und äußere. Immer werden es deine ganz persönlich gefühlten Erlebnisse sein, die dein Sein ausmachen.

Begib dich in deinen inneren Kosmos

Wenn du dich nach innen wendest, triffst du auf deine unendliche innere Welt. Deine Potenziale sind unbegrenzt. Dein innerer Dialog mit dir selbst hat schon begonnen, indem du mit deinen inneren Augen siehst, mit deinen inneren Ohren zuhörst und indem du nach innen fühlst. Hier in deiner inneren Welt wohnt deine innere Weisheit. Die inneren Antworten auf deine Fragen sind bereits da.

Hülle dich ein in die höchste Schwingung

Wenn du dich tief in dein Inneres begibst, begegnest du einer liebevollen Energie. Das ist die Liebe, die du in dir trägst. Du bist eingeladen, dich von deiner eigenen Liebe tragen zu lassen, dich von ihr leiten zu lassen. Es erfüllt sich ein uralter Traum von dir, du schenkst dir selbst Liebe. Jetzt!

Tauche tief in dich ein

Lass alle deine Wahrnehmungen vollständig los, sodass du in Bereiche hineinfindest, wo du keine Worte mehr findest. Du gehst über Entspannung und Frieden hinaus. Du bist nur noch Gewahrsein und Atem. Du bist ein freies, schwereloses Wesen im Nichts.

Präsenz

Im offen fühlenden und lauschenden Gegenwärtigsein über den Verstand hinaus, in der Wahrnehmung deiner Wahrnehmung, in vollständiger Anwesenheit in deinem Körper bist du so wach und kannst in Empfang nehmen, was nun zu dir kommen möchte.

Sei im göttlichen Moment

Du kannst Deine Seele nicht hören? Verweile im göttlichen Moment des JETZT. Lasse los, was in der Vergangenheit war und was in der Zukunft sein wird. Im gewärtigen Augenblick, der deine ungeteilte Aufmerksamkeit erhält, kann deine Seelenstimme hervortreten.

Schenke deinem Selbst Vertrauen

Dein inneres Seelenselbst will für dich sorgen. Vertraue den Impulsen, die du in deinen inneren Gesprächen erhältst. Alles ist angemessen und wird dich nicht überfordern. Die inneren Anstöße, die deiner inneren Weisheit entstammen, unterstützen dich dabei, Schritte der Erfüllung in deinem Leben zu gehen.

Du weißt, dass du weißt

Auch wenn du eine Leere in dir spürst, gibst du dir selbst eine Antwort. Versuche dies nicht mit dem Verstand zu erfassen. Erlaube dir, mit dir selbst im Mitgefühl und tiefen Frieden zu sein. Du bist immer zur richtigen Zeit, am richtigen Ort. Alles was ist, dient dir in perfekter und anmutiger Weise.

Mehr als deine Intuition

Dein intuitives Wissen, Träume und dein Bauchgefühl haben dir schon oftmals geholfen. Jetzt dehne dich selbst aus, hinein in dein göttliches Bewusstsein, was du bist und immer sein wirst.
Erfühle dich selbst in deiner Essenz mit deiner ganz persönlichen, einmaligen Schwingung.

Die Verbindung mit dir selbst hast du nie verloren

Du hast nur vergessen, dich selbst zu kontaktieren. Du hast anderen mehr Glauben geschenkt, als dir selbst. Du kannst dich selbst wieder neu entdecken. Die Verbindung zu dir selbst verwandelt alles. Du fühlst dich selbst, während du dir alle Gefühle erlaubst. Du bist zum Leben erwacht.

Reise täglich zu dir selbst

Pflege die Verbindung zu deinem Inneren täglich, sodass sich eine Beziehung zu dir selbst entwickeln kann. Dies können kurze, intensive Sequenzen im Alltag ebenso sein, wie eine bewusst gewählte Zeit, die du mit dir verbringst. Steige aus dem Bedürfnis aus, dich anzustrengen oder etwas erreichen zu wollen. Entfalte dich in deiner Kommunikation mit dir selbst in Leichtigkeit. Deine Seele hört dir immer zu.

Ablenkungen

Es gibt eine Vielzahl von interessanten Ablenkungen, auf die du treffen wirst. Es sind Themen, die deine Aufmerksamkeit beanspruchen und dich in Aktivität halten. Es sind andere Menschen, die etwas zu sagen haben. Es sind deine unruhigen, zweifelnden Aspekte, die nicht nach innen schauen wollen. Erkenne sie, atme und komme zu deinem stillen Kern zurück.

Deine Seele spricht nur zu dir

Es ist eine besondere und einzigartige Weise, wie deine Seele sich dir zeigt. Nur du kannst die Botschaften deiner Seele empfangen, verstehen und integrieren. Nur du bist wichtig für deine Seele. Lass sie wieder in deiner Nähe sein.

Erkenne den Unterschied

Nicht jeder Impuls, den du empfängst, kommt von deiner Seele. Es gibt Überlagerungen aus dem Massenbewusstsein, von anderen Menschen und von deinem Verstand. Die Botschaft Deiner inneren Weisheit wird sich immer warm und liebevoll anfühlen. Nutze deine Gefühle als Wegweiser.

Geh über deine Ängste hinaus

Nimm bewusst deine Empfindungen und Gefühle im Kontakt mit dir selbst wahr. Erlaube dir, Neuland zu betreten. Du betrittst unbekannte Wege, die noch nicht ausgetreten sind. Deine Atemzüge tragen dich, auch wenn du auf Ängste triffst. Diese Ängste haben sich im Verborgenen aufgehalten. Jetzt können sie sich weiter bewegen und sich auflösen.

Seelennähe spüren

Wenn du deine eigene Seele zum ersten Mal wirklich spürst, bereitest du dir ein unvergessliches Erlebnis, das dich im tiefsten Inneren berührt. Die Liebe deiner Seele kann überwältigend sein, so nah und so vertraut. Dein Zuhause kommt nun direkt zu dir.

Seelensprache verstehen

Deine Seele kann sich sehr unterschiedlich ausdrücken. Sie beschränkt sich nicht nur auf menschliche Worte, die still oder sehr deutlich sein können. Deine Seele gibt dir Handlungsimpulse, Farb- Licht- oder Duft- Informationen, die du mit dem Denken nicht fassen kannst.

Integriere deine Erfahrungen

Nimm deine Erfahrungen, die du in der Kommunikation mit dir selbst machst, an und integriere sie in dein Alltagsleben. Erlaube dir, auch innere Widerstände oder Abwehr wahrzunehmen. Erlaube dir, darüber hinaus zu wachsen.

Deine Seele sättigt dich

Wenn du in den Kontakt mit deiner Seele gehst, bemerkst du eine tiefgehende Sättigung. Durch nährst dich auf allen Ebenen deiner Existenz durch deinen eigenen Seelennektar. Das unruhige, hungrige Suchen nach Antworten außerhalb von dir hört auf.

Seelenverwirklichung

Die gerade Linie der Trennung in dir wandelt sich in eine schwungvolle Rundung zwischen dir und deiner Seele, ohne Anfang und ohne Ende. Dies geschieht durch dich. Es ein Akt vollkommener Gnade, den du nicht erdenken kannst. Es ist eine Richtungsänderung, die du vornimmst, die dich rund werden lässt.

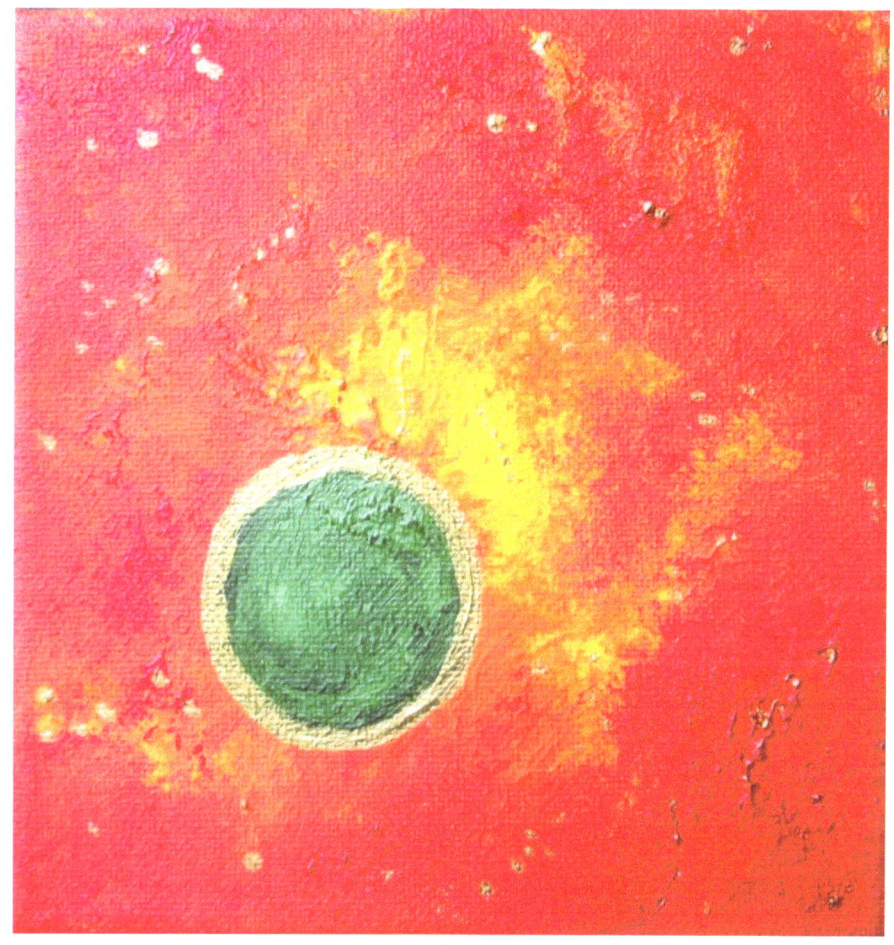

Du erfährst es, ein Schöpfer zu sein

In der kommunikativen Verschmelzung zwischen deinem menschlichen und göttlichen Wesen erfährst du deine wahre Essenz. Du veränderst dein Konzept von dir, von deinem Sein vollständig. Du bist der kreative Schöpfer deines Lebens. Dein Innen und dein Außen tanzen seelenerfüllt miteinander.

Du vervollständigst dich selbst

In der vollständigen Heimkehr in dein Selbst in allen Dimensionen liegen Heilung und tiefer Frieden. Du hältst dich selbst und bist gehalten mitten in deiner physischen Existenz in all ihren Facetten. Du gehst dir nicht mehr aus dem Weg.

Du erlaubst Veränderungen

Du verbringst gerne Zeit, um mit dir selbst zu sein. Dich selbst fühlend und mit allem atmend bist du ganz bei dir angekommen. Du gehst durch eine tiefe Wandlung, wenn dein Zuhause nach langer, langer Zeit zu dir kommen kann.

Du informierst dich selbst

Klarheit und Transparenz sind wichtig in deiner neuen Selbstbestimmung. Also teile dich deinem Selbst mit, was aktuell geschieht und was geschehen soll! Teile alles, was dich bewegt mit dir selbst.

Nimm den Gesprächsfaden in deine Hände

Auch wenn du das Gefühl hast, durch Ablenkungen oder durch deine eigene Selbstsabotage den Faden gänzlich verloren oder nur einen dünnen Faden in deinen Händen zu halten, so kannst Du jederzeit mit deiner bewussten Entscheidung ein neues Gewebe zu deinem Selbst herstellen.

Hör fühlend deine Seele

Deine Seele war dir immer nah, auch wenn du es nicht spüren konntest. Wenn du alle Anstrengung, alle Versuche, etwas zu erreichen frei gibst, ist sie einfach da: die Stimme deines Selbst, die du fühlend verstehen kannst. Es gibt keine Entfernung mehr zwischen dir und dir.

Zeit ohne Zeit

Lass deine Antwort zeitlos hereinkommen. Du benötigst weder eine Zeitgrenze noch andere Vorgaben, die die Antwort mit unausgewogener Energie belegen würde. Du kannst dich darauf verlassen, dass du deine Antwort immer im richtigen Moment auf die zu dir passende Weise erhalten wirst.

Ist dein Mensch- Sein bereit?

Bist du an den Punkt angekommen, wo du in beide Richtungen kommunizierst? Nach außen und innen zu sprechen, in sichtbare und unsichtbare Räume zu interagieren – diese Fähigkeiten können nur durch deine Bereitschaft, dein Zulassen und dein Erlauben erweckt werden.

Lass dich Dankbarkeit für dich fühlen

Wirkliche Ehrung und Wertschätzung für dein Sein kannst du dir nur selbst zu Teil werden lassen, welche Erfahrungen du auch gemacht hast. In der Kommunikation mit deiner inneren Quelle liegen Schätze für dich bereit, die von dir gefunden werden wollen. Danke dir selbst dafür, dass du nun bereit und fähig dazu bist, sie zu entdecken und anzunehmen.

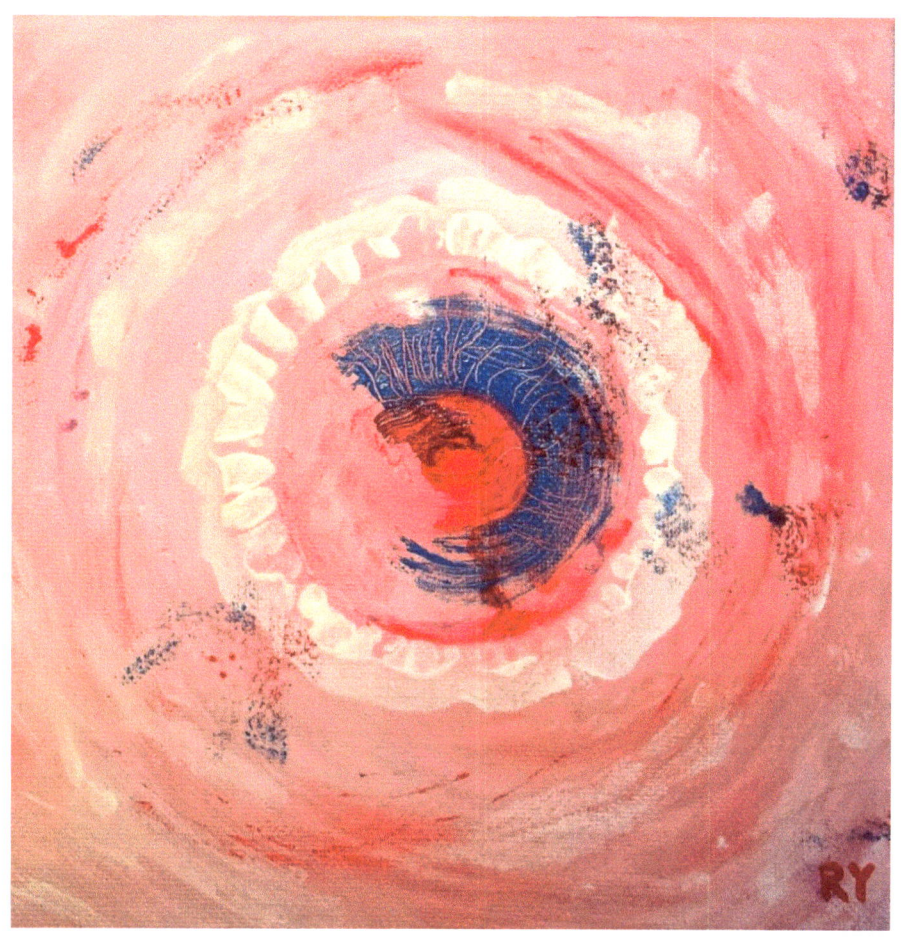

Atme, atme

Deine bewussten Atemzüge ermöglichen dir auf einfache und effektive Art, mentale, emotionale und physische Energien zu bewegen. Dein Atem ist die Brücke zwischen deinem Innen und Außen. Atme und folge deiner eigenen Einladung.
Du bist immer willkommen, so wie du bist.
Atme und beginne deine inneren Dialoge.

Nimm einige bewusste Atemzüge...